# ALLOCUTION

PRONONCÉE A LA

## DISTRIBUTION DES PRIX

DU LYCÉE IMPÉRIAL SAINT-LOUIS

Par M. RAVAISSON.

# ALLOCUTION

PRONONCÉE A LA

## DISTRIBUTION DES PRIX

### DU LYCÉE IMPÉRIAL SAINT-LOUIS

### Par M. RAVAISSON.

JEUNES ÉLÉVES,

La période annuelle que cette fête termine a été pour
le Lycée Saint-Louis une période de prospérité. — Depuis
qu'elle a été reconstituée sur des bases toutes nouvelles,
cette maison, grâce aux soins du chef expérimenté qui
la dirige et des savants maîtres qui y donnent l'enseignement, a vu d'année en année sa population devenir
plus nombreuse, ses ressources augmenter, sa réputa-
tion s'étendre. Des constructions, qui feront du Lycée
Saint-Louis le plus imposant édifice d'une de nos magni-
fiques voies triomphales, attestent dès à présent aux
yeux de tous que la grande cité le tient pour un de ses
établissements les plus importants et de ses principaux
ornements. Des dispositions intérieures en harmonie avec
ces constructions, et auxquelles suffiront les seules ressources du Lycée, vont achever d'en faire l'un des plus
beaux modèles d'un grand établissement d'instruction

secondaire. — Enfin, vos succès, jeunes élèves, viennent, cette année encore donner à la maison un nouveau lustre et accroître sa juste renommée. La manière si satisfaisante dont vous avez soutenu dans ces derniers jours les examens publics pour l'admission aux principales Écoles de l'Etat, les couronnes qui vous ont été décernées hier en plus grand nombre encore que l'an dernier dans le Concours général, et parmi lesquelles brille celle à laquelle est attaché le *Prix d'honneur* pour les sciences, témoignent d'une façon plus éclatante que jamais et pour l'excellence de l'enseignement qui vous a été donné et pour la constance et l'énergie de votre travail dans le cours entier de cette année classique.

Chargé par **M.** le Ministre de distribuer ici les prix qui font la rémunération glorieuse de ce travail, je suis heureux de vous apporter à tous, maîtres et élèves, l'expression de sa haute satisfaction.

Une autre récompense vous a été donnée récemment à vous, à vos maîtres, à tous ceux qui dans ce grand corps de notre université nationale ont soutenu de leur zèle courageux, dans des temps peu favorables, la cause des sciences et des lettres, le culte des choses de l'esprit. Je veux parler de l'acte récent qui en restituant dans sa plénitude et sous son antique dénomination l'enseignement le plus élevé de l'instruction secondaire, a commencé de rendre à cet ordre d'instruction une grande partie de son lustre et de sa dignité, un moment obscurcis. — Je le célèbre avec vous, cet acte mémorable, duquel datera pour nos études, une ère nouvelle et meilleure ; je le célèbre ici comme le prix qui peut le plus vous toucher, de vos constants et méritoires efforts ;

et j'en prends, de plus le sujet pour vous, jeunes élèves, de nouveaux vœux et de nouvelles espérances.

Dans le temps agité encore et plein d'incertitudes qui succédait à un profond ébranlement social, il avait paru que la libre recherche des principes pouvait n'être pas sans péril ; préoccupé surtout de la nécessité urgente de l'ordre, on avait cru devoir dans l'enseignement classique substituer, du moins en grande partie, à cette recherche, celle des moyens de mettre en ordre et en forme les notions acquises et d'en tirer des conséquences régulières ; et la philosophie avait cédé la place à la logique.

En même temps, dans les études en général, dans celle des sciences en particulier, la théorie, sans disparaître entièrement, cédait néanmoins plus de place que par le passé à la pratique, les doctrines aux applications.

Puis, peu à peu, les orages s'éloignant, l'ordre partout raffermi, le danger est devenu sensible, de laisser plus longtemps sans usage et sans exercice les plus hautes parties du génie national. Le Souverain, dans un manifeste demeuré célèbre ( le programe de la paix ), conviait ce génie, il y a quelpues années, à reprendre, dans tous les arts, son essor. C'est par un nouveau progrès, en ce même sens, de ses hauts et généreux desseins, qu'accueillant les propositions d'un ministre choisi au sein même de notre Université et tout plein de son libéral esprit, l'Empereur vient de relever en quelque sorte dans l'instruction publique, en y réhabilitant l'étude de la philosophie, le drapeau même de la pensée.

L'Université a déjà fait parvenir au Ministre et au

Souverain pour ce bienfait national, mais qui l'intéresse et la touche tout particulièrement, l'expression de sa profonde et unanime reconnaissance. Je saisis avec empressement l'occasion que me fournit la délégation publique que j'exerce en ce jour, pour la proclamer, cette reconnaissance, de la manière la plus haute et la plus solennelle.

Maintenant, jeunes élèves, bien que ce qui restait dans notre enseignement des études philosophiques n'ait jamais été négligé parmi vous, et que ce soit ce Lycée qui, l'année dernière, ait remporté dans le Concours général le Prix d'honneur de logique, il est vrai que la plupart d'entre vous ne comptent pas la classe de philosophie parmi celles qu'ils ont à traverser. C'est maintenant la destination particulière, quoique nullement exclusive, du Lycée Saint-Louis, que de préparer aux Écoles scientifiques où s'acquièrent les connaissances indispensables ou utiles à ces grands travaux de l'ordre matériel, que doit accomplir, soit dans la paix, soit dans la guerre, la puissance publique. Et tel est, aujourd'hui du moins, le système de cette préparation, que les hautes études littéraires et morales, et notamment celle de la philosophie, n'en font pas une partie intégrante et nécessaire. Vous ne considérerez pas néanmoins la restauration de l'enseignement philosophique comme un événement auquel vous deviez, pour la plupart, demeurer étrangers.

Dans les choses de l'ordre intellectuel ou moral, plus que partout ailleurs, dans un système d'études, par conséquent, tout se tient de près, tout est solidaire. La philosophie rétablie au faîte de l'instruction classique

c'est par une conséquence presque inévitable, puisque
la philosophie est la théorie par excellence, c'est dans
toutes les études un retour prochain de la théorie. La
théorie, à son tour, si elle ne vous transporte pas à elle
seule dans la sphère propre de la philosophie, vous en
rapprochera du moins et vous y fera toucher. La théorie
n'est pas, suivant un préjugé vulgaire, l'ennemie de la
pratique et de l'application. Qui a mieux connu le prix de
l'expérience que ces grands théoriciens, Aristote, Kepler,
Léonard de Vinci, Galiléé, Descartes, Newton, Fresnel,
Ampère? La proposition la plus abstraite, a-t-on dit avec
raison, est aussi la plus pratique. C'est celle, en effet, qui,
par sa généralité donne le mot, livre le secret du plus
grand nombre et de la plus grande variété de phénomènes.

Quoi de plus pratique que ces hautes formules du
calcul infinitésimal, par lesquelles seules on va au fond
de la physique, on atteint au plus reculé de la matière,
et on calcule dans ses mouvements les plus élémen-
taires l'insaisissable atome?

Mais en même temps, par la théorie, nous passons de
la région des effets où tout diffère, à celle des principes
où tout se rapproche, s'accorde et s'unit. Sans perdre
de vue la terre, nous la considérons de ces hauteurs d'où
l'on voit les accidents capricieux, ce semblait, et rebelles
à la science, se coordonner en séries harmoniques, d'où
le matériel brut prend l'aspect d'un système d'idées,
d'où les faits apparaissent comme transformés en lois.
« Pour l'œil physique, dit un ingénieux et profond penseur de notre temps, les lignes et les surfaces sont en
quelque sorte tranchées grossièrement. L'œil de la raison vient-il à s'ouvrir, se revêtant de beauté, elles perdent

quelque chose de cette dure netteté. La raison enfin est-elle stimulée à les considérer d'un regard plus sérieux encore, elles deviennent transparentes, et au travers on voit des causes et des principes. »

Nous ne sommes pas loin ici, vous le voyez, de ce point de vue plus élevé encore d'où l'on reconnaît les causes et les principes pour ce qu'ils sont, d'où l'esprit y reconnaît l'esprit, point de vue qui est proprement celui de la philosophie. Vous le voyez, de l'exercice de la raison dans la haute théorie scientifique, à celui de la raison dans la spéculation philosophique, la distance n'est pas grande ni le passage difficile.

Ajoutons que, de cette autre sphère qui confine de bien près à celle de l'intelligence et qui est celle de la conscience morale, à la plus haute région de la métaphysique, il y a plus près encore. « Ils verront Dieu, a-t-il été écrit, à cause de la pureté de leurs cœurs. »

On a cru quelquefois la France moins propre à la philosophie que tel autre pays, parce que la raison commune y redoute davantage, et peut-être en ce moment jusqu'à l'excès, certaines spéculations hardies qui semblent, mal dirigées, menacer de résoudre en de fantastiques abstractions la réalité non-seulement des choses de la nature, mais des âmes mêmes et de leur auteur. Et pourtant quel pays est, à vrai dire, autant que le nôtre, préoccupé des idées, ami de la pensée, épris de la raison? Le caractère de ses œuvres dans tous les arts, l'univers le confesse, et les expositions comparées de toutes les industries des nations le démontrent, est l'élégance, la grâce, la beauté, et cette beauté surtout qui naît de l'harmonie ou de la justesse des rapports, qui est la raison même appliquée.

Et, par conséquent, ce que l'on pourrait appeler en quelque façon la marque de fabrique de la France, n'est autre chose que le sceau que leur imprime la raison. De là ce mérite singulier des produits de ses arts, qu'intelligibles à tous, comme s'ils émanaient effectivement de la nature raisonnable, universelle, chaque peuple les accepte ou les recherche plutôt que ses œuvres propres, marquées de ses singularités nationales et que l'humanité même, en tous pays, s'y reconnaît et s'y approuve.

Dans ce qu'on nomme par exellence les ouvrages de l'esprit, dans les productions de la littérature, dans le langage même, c'est le mérite éminent de notre pays, tout le monde le confesse pareillement, que cet ordre qui produit à lui seul la clarté (*lucidus ordo*), que cette suite et cet enchaînement par lequel chaque chose se rapporte à une autre qui l'explique, et toutes, les unes à la suite des autres, au principe dans lequel elles trouvent leur commune raison.

> « . . . . . . . . . que toujours vos écrits
> Tirent de la raison et leur lustre et leur prix. »

Ainsi dit Despréaux, et ce fut bien cette fois le génie de la France qui parla par sa bouche.

De l'ordre des arts et de la littérature, reportons nous nos regards, sur l'ordre social et politique, qui est peut-être, quoi qu'on en dise, celui où le génie de notre patrie a encore atteint le plus haut degré d'excellence, quel pays voyons-nous qui se soit montré jaloux au même degré d'asseoir ses institutions, de bâtir ses lois sur le fondement seul de la justice ?

Et qu'est-ce que la justice, si non encore dans l'ordre moral, le plus élevé de tous, la proportionnalité, l'égalité parfaite des rapports, l'exacte mesure du vrai, c'est-à-dire la raison ?

Delà, ce droit commun à tous, identique pour tous, par cela seul qu'ils participent pareillement à la raison ; de là une égalité de laquelle, en dehors de cette patrie commune de l'humanité et dans les contrées mêmes où l'on sait le mieux apprécier ce que c'est que personnalité et que liberté humaines, on a peine néanmoins à se former même la simple notion.

C'est le propre de qui s'attache à la vérité, dont le prix passe toute mesure, que de vouloir son règne, quoi qu'il en coûte. La France du moyen âge aima, exalta dans ses rois les tuteurs des petits, les patrons des faibles ; honora dans la chevalerie, milice de ces grands justiciers, le dévouement sans limites au redressement des torts, à la consolation des souffrants. — Et, de nos jours, ce pays, attentif lui-même à toute plainte qui accuse oppression de quelque lieu étranger et éloigné qu'elle se fasse entendre, ce noble pays, le seul qui se lève pour une idée, comme a dit le penseur qui est aujourd'hui son Souverain, il se lève, en effet, il s'interpose par de là les Alpes, par de là le Liban, par de là l'Atlantique, par de là la Vistule, pour le droit d'autrui méconnu ; prêt au besoin pour ces hautes idées de justice et de vérité qui se confondent avec sa raison et sa conscience mêmes, au sacrifice, s'il est nécessaire, du plus pur de son sang.

Se préoccuper toujours et partout des idées, viser en tout à l'idéal, s'attacher par-dessus tout au bien et à la beauté, préférer à toute chose imparfaite et relative, sans s'en excepter soi-même, le parfait et l'absolu, si c'est bien là ce qu'on peut appeler d'un mot antique, *philoso-*

*pher*, à quelle nation plutôt qu'à la nôtre, à quelle nation autant qu'à elle décernera-t-on avec justice ce grand et enviable nom de philosophe?

Qu'on retrouve en vous, jeunes gens, ces traits, cette physionomie intellectuelle et morale de votre patrie! Qu'à ces signes on vous salue enfants de notre France! Dans vos expériences, dans vos spéculations, appliquez-vous à démêler parmi les phénomènes, les lois, générales et simples, qui les commandent; sous ces lois, ces règles, les principes qui les rattachent à l'action universelle.

Songez toujours qu'en chaque point de quelques choses que ce soit, l'univers entier se réfléchit; qu'en chaque murmure qui s'en élève résonnent les harmonies de toutes les sphères, qu'il n'est si petit fait où ne se puisse lire la loi des mondes, si petit être qui ne soit un résumé de la création. « Fendez un atome, dit un poëte persan, vous y trouverez un soleil. » Ce poëte dit vrai, le soleil de l'éternelle et universelle raison.

Pour vos œuvres, souhaitez, comme ce Spartiate, qu'avec le bon, avec l'utile, le beau vous soit donné. Dans la conduite de la vie, au lieu d'obéir aux suggestions d'une étroite personnalité, soyez tels, suivant la haute maxime de Kant, que chacun de vos actes puisse être érigé en un type, en une loi pour quelque homme que ce soit. Que votre conscience soit comme sans mélange de vous-même, et adéquate à la conscience universelle. Souvenez-vous de cette autre maxime d'un ancien, que le juste est celui qui volontiers se relâche de la rigueur de son droit. Soyez larges, soyez grands; grands, dans quelques bornes resserrées que vous puissiez être contraints de vous mouvoir, comme l'âme même est grande.

« L'âme, dit Aristote, est petite par la place qu'elle oc-
cupe; mais elle est très-grande par la puissance. »
Grands dans vos actions, dans vos desseins, dans vos
conceptions, dussiez-vous ignorer toute la philosophie,
vous serez philosophes. Le philosophe est celui qui voit
de plus haut et plus en grand que les autres.

Cependant, jeunes élèves, non contents de porter partout avec vous ce que l'on peut appeler l'esprit de philosophie, vous voudrez, je l'espère, connaître, autant qu'il
dépendra de vous, la philosophie elle-même. En ce point
aussi vous ne vous en tiendrez pas volontiers à la pratique seule, aux seules applications ; vous voudrez parti-
ciper dans la mesure de ce qui vous sera possible, plu-
sieurs du moins d'entre vous, à la théorie qui en est le
foyer. Cette lumière qui seule rend tout visible, mais
qui, dans les choses de l'ordre mathémathique ou physique, dans les affinités chimiques, dans les puissances
organiques, dans les chefs-d'œuvre de l'art, dans les
actions même et les volontés du juste et du héros n'est
encore que lumière rompue, dispersée, mélangée, vous
voudrez la connaître, la considérer en elle-même dans
sa simplicité originale et sa pureté absolue. Vous voudrez,
soit dès les écoles où s'instruit votre jeunesse, soit au
moins dans les loisirs que vous laisseront plus tard vos
occupations et vos devoirs, revenir quelquefois, vous
aussi, du dehors au dedans de vous ; vous aimerez à vi-
siter le lieu saint, où réside l'âme, à pénétrer plus loin
encore, dans le Saint des saints où réside celui qui nous
est plus intime que nous-mêmes, et en qui l'âme a sa
source.

On a dit que les différentes organisations n'étaient que

des déformations de l'organisation humaine. On peut dire de même des choses de la nature, quelles qu'elles soient, qu'elles sont, comparativement à celles du monde idéal, aux choses spirituelles, ce que sont dans ce qu'on nomme la perspective curieuse, les changements que subissent les formes de la part des milieux qui les réfractent et des surfaces qui les réfléchissent comparativement à ces formes elles-mêmes. Vous voudrez vous placer quelquefois, vous aussi, en ce lieu central où toute anamorphose se rectifie, où toute discordance s'harmonise ; vous voudrez quelquefois voir les choses de ce point de vue unique qui est celui de la suprême raison ; vous voudrez enfin connaître ce que c'est en son for intérieur, que cette essence intelligible et intelligente tout ensemble de laquelle tout part, à laquelle tout mène, qui est de toute chose le premier principe et la dernière raison.

Je l'avouerai d'ailleurs, pour la philosophie elle-même j'espère, j'espère beaucoup de vous. Sans doute, c'est dans le monde tout intérieur des idées que se trouve la plus grande vérité, par conséquent, absolument parlant la plus intelligible, qui explique le mieux tout le reste, et s'explique elle-même.

Il n'en est pas moins vrai que la loi des choses est écrite dans les mathématiques, dans l'ordre naturel, dans les relations sociales, politiques, économiques, en caractères plus lisibles quelquefois à notre faible vue. Nous avons peine, dit Platon, à soutenir la vue directe du soleil, nous le voyons mieux, nous le considérons du moins plus aisément dans le miroir des eaux. Dans la multiplicité des effets, dans la variété des transformations, on apprend aussi à mieux connaître la fécondité d'un principe, la puissance d'une cause. Pourvus de tant de notions diverses et pourtant concordantes, fruits de l'étude de tant de sciences et de tant d'arts, riches de tant d'expérience, amassée, soit dans le cours paisible de vos premières études, à l'ombre de ces murs, ou dans l'enceinte des écoles savantes, soit plus tard sur les chemins tumultueux de la vie, parmi le feu des travaux et des affaires, que ne pourrez-vous pas, non-seulement pour l'accroissement et le perfectionnement de ces théories, partielles encore, quoique très-générales et très-compréhensives, qu'on appelle philosophies des sciences et des arts, mais aussi, pour l'accroissement et le perfectionnement de cette théorie suprême qui doit les embrasser et les dominer toutes, et que d'un seul mot on nomme philosophie.

Ce que vous aurez reçu de la philosophie, ce que vous aurez dû, dans la suite entière de votre carrière, à sa favorable influence, vous pourrez le lui rendre : ce fanal élevé qui de près ou de loin, aura éclairé tous vos chemins, il dépendra de vous de l'accroître ; il dépendra de vous de fortifier contre le vent du sophisme et de l'erreur sa puissante et bienfaisante lumière. Plus d'un parmi vous le voudra entreprendre ; plus d'un y réussira ; les efforts heureux que je suis venu couronner m'en sont une garantie. J'en ai le ferme espoir, et c'est par où j'aime à finir : à plus d'un d'entre vous est réservée cette gloire d'être proclamé un jour, au nom de la science et de la philosophie réunies s'éclairant et s'entr'aidant l'une l'autre, un digne fils de la patrie de Descartes.

Paris. — Imprimerie de E. Donnaud, rue Cassette, 9.